ESSAI

SUR LA

CRISE FINANCIÈRE

ET LES

MOYENS DE LA FAIRE CESSER

PAR L. ROCHAT

Le commerce et le nombre des peuples, qui sont la richesse et la puissance d'un État, dépendent surtout de la quantité et de la conduite des monnaies. LAW.

PARIS

GUILLAUMIN ET Cie, ÉDITEURS

14, RUE RICHELIEU

1848

Imprimerie de Gustave GRATIOT, 11, rue de la Monnaie.

ESSAI

SUR LA

CRISE FINANCIÈRE

ET LES

MOYENS DE LA FAIRE CESSER.

I.

Plus de cinq mois se sont écoulés depuis la Révolution du 24 Février, et la crise financière qu'elle a amenée n'a pas encore cessé. Un grand nombre de moyens ont été employés pour la combattre ; tous l'ont été en vain. C'est, suivant nous, qu'on n'a bien apprécié jusqu'ici ni la nature ni la cause du mal. Les apprécierons-nous mieux ? Nous l'essayerons. Nous insisterons un peu longuement, un peu pesamment peut-être sur quelques détails ; mais quand il s'agit de questions de cette importance, quand il s'agit du salut d'un pays, on ne doit négliger aucun argument, aucun fait capable d'appuyer la thèse qu'on veut établir.

Le capital général d'une nation se compose d'un nombre plus ou moins considérable de capitaux divers, tant mobiliers qu'immobiliers ; mais parmi eux, il en est un qui joue un rôle immense : c'est le capital circulant, autrement dit la monnaie. La monnaie est tellement nécessaire à un peuple, que, si on venait à la lui enlever subitement, il tomberait dans les désordres économiques et politiques les plus déplorables, et n'en sortirait qu'après l'avoir remplacée, soit sous une forme soit

1.

sous une autre. Et on le conçoit. Tout le mouvement économique des sociétés se composant d'une suite d'échanges, dont elle est l'instrument essentiel, indispensable, dès qu'elle diminue, il diminue ; quand elle disparaît complétement, il cesse. La disparition entière du capital circulant serait donc pour une nation le plus grand des maux ; mais son insuffisance portée à un certain degré est déjà un mal très grave.

De ce que le capital circulant satisfait à de si nombreux et de si importants besoins, de ce qu'il est incessamment nécessaire, il en résulte que la crainte d'en manquer naît et se propage avec une malheureuse facilité. Quand elle vient à s'emparer des esprits, chacun s'empresse d'accaparer la monnaie au-delà de ses besoins, provoquant ainsi ou aggravant la crise qu'il redoute ; et plus la crise s'accroît, plus la disposition à l'accaparement s'accroît aussi. Les disettes de monnaie ressemblent en tout point à celles des céréales ; elles se développent suivant les mêmes lois ; produites par les mêmes causes, elles produisent aussi les mêmes effets.

Depuis la Révolution du 24 Février, par suite de défiances exagérées sans doute, beaucoup de grands capitalistes retiennent ou ont transporté à l'étranger le numéraire qu'ils avaient livré au crédit ou qu'ils ont retiré de la vente de diverses valeurs. Mais ce n'est pas tout. Chaque citoyen en conserve chez lui, non pas seulement, comme par le passé, pour ses besoins présents et prochains, mais aussi pour ses besoins éloignés. Il craint que, quand ces besoins éloignés viendront à se faire sentir, il ne puisse plus remplacer la monnaie dont il se dessaisirait aujourd'hui. A quelle somme énorme ne s'élèveraient pas toutes ces petites sommes particulières qu'une frayeur sans motif, ou tout ou moins sans mesure, a stérilement enfouies dans les vieux sacs de cuir, dans le fond des secrétaires ou des armoires, dans les paillasses, dans la terre, a murées peut-être dans les caves ! Qui sait, d'ailleurs, si la malveillance, si même la spéculation n'ont pas une grande part dans notre disette factice de monnaie.

Le capital flottant une fois retiré de la circulation en proportion considérable, nos établissements de crédit ont dû cesser de fonctionner. On le sait; tels qu'ils sont organisés aujourd'hui, ils exécutent surtout leurs opérations avec les fonds qu'on dépose dans leurs caisses. Quant à leurs fonds propres, ils les placent; ils s'en servent pour acheter des valeurs publiques et industrielles que, dans les temps ordinaires, ils réalisent avec facilité à la Bourse, mais qu'à une époque de crise ils ne peuvent vendre qu'avec des pertes considérables. Privées subitement des capitaux qu'on leur confiait, et dans l'impossibilité de dégager les leurs, comment nos banques ne seraient-elles pas tombées? Mais quelle perturbation profonde leur chute n'a-t-elle pas dû entraîner dans toute notre sphère économique! Presque tous les paiements qui se font entre la France et l'étranger, presque tous ceux qui se font en France d'une ville à l'autre, ou dans une même ville, entre les divers négociants, ne sont point opérés par la monnaie légale, mais par la monnaie *fiduciaire*, par une monnaie qu'on a le droit de refuser, mais que presque toujours on accepte, par la lettre de change, en un mot, et toutes ses variétés. Mais ce sont les établissements de crédit qui donnent surtout à la lettre de change sa valeur circulatoire. Grâce à eux, en effet, elle devient, pour ainsi dire, un billet remboursable au gré du porteur, et fournissant de plus un intérêt. Du moment donc où les banques suspendent leurs escomptes, la monnaie *fiduciaire* est annulée, et toutes les transactions qu'elle alimentait, anéanties. Voilà comme, chaque effet devenant fatalement cause à son tour, la crise doit sans cesse tendre à s'aggraver. C'est l'avalanche qui grossit en roulant; c'est la pierre dont la chute vers la terre s'accélère avec une vitesse toujours croissante.

En résumé, le retrait d'une partie de la monnaie légale, et l'annihilation presque complète de la monnaie *fiduciaire*, telle est la cause non pas unique, mais principale de la crise. Pourquoi la consommation s'est-elle tant ralentie? C'est qu'on ne peut guère consommer sans dépenser, et quand l'argent est rare, on hésite à dépenser, à se dessaisir d'un objet précieux, dont on craint toujours d'avoir besoin. Pourquoi la production s'est-elle ralentie ? Parce que, d'une part, la consommation a diminué, comme nous venons de le dire ; parce que, de l'autre, pour produire, il faut acheter des matières premières, des machines, de la main-d'œuvre, et avoir par conséquent en suffisance ce avec quoi on achète. Pourquoi les rentes et toutes les valeurs industrielles ont-elles subi une dépréciation si rapide et si profonde ? C'est que leur prix diminue toujours à mesure que diminue la quantité du numéraire en circulation. Pourquoi les particuliers et l'État sont-ils si gênés dans toutes leurs opérations ? C'est que le réservoir dans lequel ils ont l'habitude de puiser pour leurs besoins est presque à sec. C'est par la même raison que l'impôt des 45 centimes, qui, dans tout autre temps, eût été facilement supporté par la nation, s'est trouvé pour elle un fardeau pesant. Ainsi, la diminution de la consommation et de la production, la dépréciation de toutes les valeurs, la suspension du crédit, la difficulté de payer les impôts sont surtout les effets d'une même cause, la raréfaction, et, par suite, l'insuffisance du capital circulant. A ce mal, il n'y a que deux remèdes possibles : ou faire cesser la défiance qui retient hors de la circulation le numéraire, ou remplacer celui-ci par un autre. Ainsi, deux sortes de remèdes : les uns politiques, les autres financiers. Nous ne nous occuperons que des seconds.

Tout objet, pour servir convenablement de monnaie, doit offrir les caractères suivants : avoir beaucoup de valeur relativement à son poids et à son volume : être inaltérable par l'humidité et le frottement : être susceptible de prendre une forme qui le rende commode à garder, à transporter et à compter. Il doit, en outre, pouvoir revêtir une empreinte légale ou non, qui constate positivement et ostensiblement sa valeur. Les métaux précieux et le papier réunissent seuls ces caractères. Du moment donc où un peuple n'a pas en suffisance des métaux précieux pour créer toute la monnaie dont il a besoin, il faut qu'il recoure au papier ; qu'il rende circulants quelques-uns de ses capitaux fixes, qu'il les mobilise, les monnaye pour ainsi dire, en les représentant par des billets dont le cours soit forcé; il faut qu'il émette, en un mot, du papier-monnaie.

En 1793 et en 1797, l'Angleterre essuya, par disette monétaire, deux crises terribles. Comment en sortit-elle? Par la création d'un numéraire artificiel, d'un numéraire de papier. En 93, l'émission fut faite par l'État, lequel prêta en bons de l'Échiquier à tous les négociants qui offraient quelque sûreté. Et chose remarquable, dit Thornton, les faillites cessèrent et la confiance se rétablit, avant même que le prêt, qui était, nous le croyons, de cent cinquante millions, pût être opéré dans son entier. Il ne faut pas cependant s'en étonner. Ne voit-on pas quelquefois l'annonce seule de l'arrivée d'une quantité considérable de grains faire cesser immédiatement une disette factice, une disette due à l'accaparement par la peur? En 97, l'émission fut faite par la Banque qui, du moment où elle fut dispensée de rembourser ses billets, au lieu de restreindre sa circulation, comme elle l'avait fait à tort jusque-là, l'étendit considérablement, et même bientôt beaucoup trop. Dans ce second cas comme dans le premier, la confiance se rétablit avec une grande rapidité, et en quelques semaines la Banque vit affluer dans ses caïsses le numéraire avec une telle abondance, qu'elle offrit de reprendre quand on le voudrait le remboursement de ses billets; offre que, pour le dire en passant, Pitt eut le tort grave de ne pas accepter. Dans la dernière crise, que l'Angleterre vient d'essuyer, qu'a fait le gouvernement? Il a autorisé la Banque à sortir momentanément des limites dans lesquelles Robert Peel l'avait, avec tant de sagesse, renfermée; il l'a autorisée à élargir provisoirement sa circulation, et à combler ainsi le vide que l'exportation du numéraire pour l'achat des grains à l'étranger avait laissé. Dans les trois cas que nous venons de citer, on recourut au même moyen, on n'en chercha point un autre, car il n'y en a et il ne saurait y en avoir un autre.

Placés depuis le 24 février dans des circonstances semblables à celles où s'est trouvée l'Angleterre aux diverses époques que nous venons de rappeler, pourquoi n'avons-nous pas suivi de si sages exemples? Nous rendons pleine justice au patriotisme et à la capacité des hommes qui ont eu récemment à administrer nos finances, mais nous sommes obligés de le dire, ils ne se sont pas fait une idée exacte de la situation. Aussi les nombreuses mesures qu'ils ont successivement employées n'ont-elles en rien enrayé la crise; elles n'ont eu et ne devaient avoir aucun résultat. Elles avaient pour but de remédier, les unes à la gêne des particuliers, les autres à celle de l'État.

Pour remédier à la gêne des particuliers, qu'a-t-on fait? On a ouvert des comptoirs d'escompte, dont la belle organisation démocratique est sans doute des plus louables. Mais primitivement, au début de la crise, les comptoirs d'escompte ne manquaient pas au commerce; c'est l'argent qui manquait aux comptoirs; les établissements de prêt ne faisaient pas défaut, mais seulement l'objet à prêter. Ouvrir alors des comptoirs, ce serait, dans des temps de disette, ouvrir de nouvelles boulangeries. Or, ou les boulangeries nouvelles ne trouveraient pas de farine, ou la farine qu'elles trouveraient, les anciennes l'auraient en moins. En tout cas l'approvisionnement général n'y gagnerait rien. Avec la disette monétaire, les établissements qu'on créait ne devaient pas pouvoir fonctionner; sans la disette monétaire, ils eussent été inutiles; ceux qui existaient déjà et qui ne seraient pas tombés, auraient suffi, momentanément au moins. Au lieu de former des comptoirs nouveaux, il valait mieux empêcher de tomber les anciens. Il est de principe qu'avant de chercher d'autres instruments, il faut d'abord tirer tout le parti possible de ceux qu'on a.

Pour remédier à la gêne de l'État, on a commencé par ouvrir un emprunt; cette tentative devait nécessairement échouer. Avec une pareille disette monétaire, quand de toutes parts les capitalistes s'empressent de retirer les fonds qu'ils ont prêtés, un emprunt public est impossible. Ne pouvant emprunter on a imposé. Mais dans de telles circonstances, de quel poids un impôt extraordinaire ne devait-il pas peser! Une certaine classe de contribuables l'a acquitté facilement sans nul doute; d'autres ne l'ont acquitté qu'avec beaucoup de peine ; d'autres enfin ne l'ont pas acquitté du tout. Il en est résulté les deux effets suivants : d'une part, l'État a peu retiré de cet impôt ; de l'autre, en enlevant aux particuliers un capital dont ils avaient besoin pour leur travail, il a diminué leur production et par suite leur consommation ; il a diminué ainsi les bénéfices qu'un grand nombre de ses taxes devaient lui rapporter; il a resserré la source principale de ses revenus.

Le problème à résoudre était celui-ci : Créer à l'État assez de ressources pour que d'abord il ne fût pas réduit à la déplorable nécessité de suspendre ses payements, pour qu'il pût ensuite fournir à toutes les dépenses qu'une révolution ne manque jamais d'entraîner; et lui créer ces ressources, sans diminuer celles des particuliers, en les augmentant même. Pour résoudre le problème, il ne suffisait pas de déplacer, n'importe comment, le capital circulant ; il fallait le multiplier. Une fois le capital circulant multiplié, on pouvait recourir soit à l'emprunt, soit à l'impôt, ou à ces deux mesures à la fois. L'emprunt eût été facile, l'impôt léger.

Nous ne craindrons pas d'insister sur ce point. Nos financiers n'ont pas compris que la gêne des particuliers et celle de l'État étaient deux effets d'une même cause : l'insuffisance du fonds monétaire ; que cette cause détruite, les effets disparaîtraient d'eux-mêmes ; que tant qu'elle subsisterait, ils subsisteraient aussi, quoi qu'on fît ; ils n'ont pas vu que dans les circonstances présentes tout système financier, qui n'avait pas pour base la multiplication du fonds monétaire, portait à faux. On peut les comparer à des docteurs, qui ne connaissant pas bien l'affection dont est atteint leur client, font de la médecine à l'aventure, et servent peu, s'ils ne nuisent point. Quand il n'y a pour un malade qu'un seul remède vraiment efficace, vraiment puissant, et que le médecin ne sait pas l'employer, malheur au malade !

Le papier-monnaie compte d'ardents défenseurs et aussi d'ardents adversaires ; c'est qu'il peut rendre d'immenses services comme il peut entraîner d'immenses désastres. Quand il est émis suivant les règles de la science, il est éminemment utile; quand il est émis contrairement à ces règles, il devient funeste. Il n'est donc ni bon ni mauvais par lui-même, mais seulement par les principes suivant lesquels il est répandu. Les deux règles les plus importantes à observer dans son émission sont les suivantes : il faut d'abord qu'il soit convenablement gagé; il faut ensuite qu'il ne soit pas multiplié au-delà des besoins.

La monnaie de métal porte avec elle sa valeur; il n'en est pas de même de celle de papier. La première a une valeur intrinsèque; la seconde n'a qu'une valeur représentative. Il faut donc que les objets dont celle-ci est le signe, la représentation, existent réellement; il faut qu'elle ait derrière elle un gage non seulement certain mais suffisant. Un papier-monnaie qui n'est pas gagé est un édifice sans base, un édifice en l'air.

Mais si bien garanti fût-il, du moment où il serait répandu en trop grande quantité, il deviendrait funeste. Chez toute nation, le fonds monétaire, considéré en général, doit toujours être proportionné aux besoins, ne jamais leur manquer, ne jamais beaucoup les dépasser. Devient-il trop rare? la valeur de toutes les propriétés mobilières et immobilières s'abaisse. Devient-il trop abondant? elle s'élève. Dans le premier cas, l'industrie, faute de capitaux, c'est-à-dire d'aliments, s'arrête; dans le second, surexcitée par la facilité qu'elle trouve à emprunter, elle se laisse entraîner à une production excessive, démesurée, et par suite ruineuse Mais c'est surtout quand il vient à éprouver de brusques et fortes alternatives d'augmentation et de diminution, qu'il entraîne dans tous les intérêts les plus terribles bouleversements. Le capital circulant étant la mesure de toutes les valeurs et par conséquent de toutes les fortunes, quand cette mesure est gravement altérée, soit en plus, soit en moins, toutes les valeurs et toutes les fortunes le sont aussi. Le fonds monétaire d'un pays, c'est un fleuve qui doit toujours être uniforme dans son niveau et dans son cours, qui ne doit ni s'élever ni s'abaisser, ni se ralentir ni se précipiter, qui doit arroser largement sans inonder.

Oui, nous nous faisons fort de le démontrer par l'expérience financière de tous les peuples, toutes les fois que les règles, ci-dessus indiquées, ont été observées, le papier-monnaie a rendu de grands services; toutes les fois qu'il a nui, c'est qu'elles ne l'ont pas été. Nous nous bornerons à emprunter quelques exemples à notre propre pays. Sous la Régence et la Convention le papier-monnaie a causé de grands désastres! Mais sous la Régence il a été émis en proportion monstrueuse, cent fois peut-être au-delà des besoins. Et d'ailleurs que représentait-il? de fallacieuses promesses, les brouillards du Mississipi, rien. Tant qu'on a cru à la valeur de leur gage, les billets de Law se sont on ne peut mieux soutenus; du moment où l'inanité de leur hypothèque a été reconnue, ils sont tombés. Sous la Convention, les assignats ont été émis aussi sans aucune mesure. Ils avaient bien un gage, mais il ne remplissait pas les conditions nécessaires; il n'était pas suffisant, car sa valeur réelle était quarante ou cinquante fois inférieure à la valeur nominale des billets; il n'était pas certain, car il se composait de biens qui pour la plupart n'appartenaient pas à la nation d'une manière incontestée, de biens dont elle s'était emparée, et que la contre-révolution victorieuse lui aurait repris. Voyez au contraire de quel crédit jouissent, même aujourd'hui, les billets de la Banque de France, quoiqu'ils ne soient pas remboursables. C'est que leur émission a été réglée avec une judicieuse rigueur. Ils ne peuvent jamais par leur abondance dépasser les besoins, et ils sont garantis par les statuts de l'établissement, par son capital, et surtout par des lettres de change revêtues chacune de trois bonnes signatures.

L'erreur des adversaires absolus, systématiques du papier-monnaie, est celle-ci : de ce que dans certaines circonstances il a nui gravement, ils concluent qu'il doit toujours nuire. C'est prétendre qu'un centigramme d'acétate de morphine ne peut pas guérir parce qu'un gramme de cette substance tue. Le canon est un instrument puissant, mais qui éclate quelquefois entre des mains inhabiles. Ne vous en servez qu'autant que vous savez le manier, mais dans ce dernier cas, servez-vous-en.

Dans le plan que nous allons présenter, toutes les règles de la science se trouveront, nous l'espérons, observées.

Et d'abord dans quelle proportion le papier-monnaie devrait-il être émis? C'est ce qu'on ne pourrait pas déterminer à l'avance d'une manière précise. Il faudrait procéder progressivement, avec mesure, par des tâtonnements habiles. Mais on devrait tout d'abord répandre assez largement les billets, pour qu'ils allassent remplir le canal de la circulation monétaire jusque dans ses derniers embranchements et reporter partout la fécondité et la vie. Trois cents millions auraient suffi sans doute pour prévenir la crise; mais aujourd'hui qu'elle s'est étendue et aggravée, huit cents millions seront peut-être nécessaires pour la faire complétement cesser. Emettre d'abord trois cents millions et se conduire ensuite d'après l'effet produit; telle est, suivant nous, la règle à suivre.

Dans les exemples que nous avons empruntés à l'Angleterre, une quantité aussi considérable de papier-monnaie n'a pas été nécessaire. Cela tient à plusieurs causes. D'abord on n'avait point tant tardé à apporter un remède au mal. Les crises, d'ailleurs, n'étaient point politiques; elles étaient exclusivement financières, et leur durée, par conséquent, ne devait pas être longue. Et puis, dans ces sortes de désastres, les Anglais ne s'abandonnent pas comme nous; ils ne se laissent pas aller à la déroute; ils battent en retraite avec ordre, sans perdre leur rang, en se défendant avec une calme et persévérante fermeté. Il faut aussi le reconnaître, leur supériorité sur nous dans l'art d'économiser le capital circulant est tellement grande, qu'ils font plus de transactions avec un milliard que nous avec trois.

A mesure que la défiance se dissiperait, et que le numéraire, qu'elle tient aujourd'hui enchaîné, se dégagerait et reparaîtrait, il faudrait successivement retirer les billets, car sans cette précaution il y aurait bientôt exubérance du capital circulant; la monnaie de métal, seule exportable, serait exportée, et il ne resterait plus alors que celle de papier. Or, il ne faut pas l'oublier, une circulation composée presque exclusivement de papier est toujours chanceuse; et dans des temps d'agitation, comme ceux que nous aurons peut-être encore à traverser, elle nous menacerait des crises les plus dangereuses. Dans notre système, le papier-monnaie ne doit être adopté que temporairement, en attendant que le numéraire soit revenu, et pour l'aider à revenir.

Quant au mode d'émission, il serait bien simple.

Un comité serait nommé qui devrait observer, étudier sans cesse l'état de la circulation, toutes les variations qu'elle éprouverait, même les plus légères, ses moindres besoins. Pour cela, il serait en communication journalière avec les receveurs généraux, la Banque de France et ses comptoirs, avec les banques autorisées des départements, les principaux établissements particuliers de crédit sur tous les points du territoire, avec les chambres de commerce. D'ailleurs, pour bien apprécier l'état de la circulation, le thermomètre le plus sensible, le plus sûr, c'est l'état des valeurs. Sont-elles élevées, toutes choses égales d'ailleurs? C'est que l'argent abonde. Sont-elles basses? C'est qu'il est rare. Cette commission serait chargée d'exécuter toutes les opérations relatives au papier-monnaie, de le faire fabriquer, de l'émettre, de le retirer. Elle serait organisée à peu près comme celle de l'amortissement, comme celle des dépôts et consignations, et tout à fait indépendante du Pouvoir exécutif qui se bornerait à la surveiller et la contrôler. L'Assemblée nationale, l'Académie des sciences morales et politiques, le tribunal de commerce, la magistrature de Paris, le conseil général, nommeraient un certain nombre de membres qui seraient renouvelés par fractions à des époques déterminées. Cette commission donnerait chaque quinzaine, par exemple, le détail de toutes ses opérations, ainsi que tous les renseignements intéressants pour le public qu'elle aurait recueillis.

Pour faire entrer le papier dans la circulation, elle achèterait à la Bourse les rentes qui y seraient à vendre au-dessous du pair; elle achèterait aussi les bonnes actions industrielles de canaux, de chemins de fer, de mines, etc., qu'elle pourrait se procurer, et garderait le tout dans son portefeuille. Quand elle ne trouverait plus à acquérir avantageusement de ces valeurs, elle commanderait de grands travaux, lesquels lui appartiendraient, ou, en d'autres termes, appartiendraient aux porteurs de billets qu'elle serait chargée de représenter. Enfin, dans le cas où ces deux moyens de répandre dans la circulation le papier-monnaie ne lui suffiraient pas, elle pourrait prêter sur bonnes sûretés aux communes, particulièrement, exclusivement peut-être à celles qui sont pauvres, ainsi qu'aux grandes compagnies qui s'occupent de l'exécution de vastes travaux publics, et emploient un grand nombre d'ouvriers. Les emprunteurs, quels qu'ils fussent, devraient fournir des garanties certaines d'une valeur deux fois supérieure au moins à celle du papier qu'ils auraient reçu. Les communes donneraient pour hypothèque leurs biens, les compagnies les ouvrages faits et à faire. Ces compagnies, comme les communes, seraient tenues de ne se servir des billets que pour des usages qui auraient été déterminés, de s'en servir immédiatement, et dans la mesure convenue. Ce mode d'émission aurait donc le grand avantage de créer sans retard une grande masse de travail. La commission devrait-elle prêter aux particuliers? nous ne le pensons pas. En tout cas, elle devrait seulement le faire sur dépôts d'argenterie, mais non sur dépôt de marchandises ou sur hypothèques foncières.

Le papier-monnaie ainsi émis aurait, d'après notre plan, trois sortes de garanties :

1° Le crédit de l'État. L'État pourrait s'engager à le rembourser à vue au bout d'un temps déterminé, deux ou trois ans, par exemple. Les détenteurs de ce papier se trouveraient donc, sous ce rapport, à peu près dans la même position que les détenteurs des bons du trésor. Ces billets seraient, en effet, des bons du trésor à longue échéance, sans intérêt.

Sans doute, les gouvernements despotiques s'étaient fait autrefois une habitude de ne point payer leurs dettes : mais les gouvernements nationaux se font tous aujourd'hui un rigoureux devoir de payer les leurs. Ils regardent avec raison leur crédit comme une véritable richesse, qu'ils peuvent seulement conserver par leur scrupuleuse fidélité à satisfaire leurs créanciers. Qu'une nation se refuse à acquitter un engagement qu'elle aurait pris envers des étrangers, nous le concevons; mais comment se refuserait-elle à acquitter un engagement qu'elle aurait pris avec elle-même? Quand un papier-monnaie se répand dans un pays, dans quelles mains se rencontre-t-il? Dans celles des classes aisées, des classes auxquelles appartient surtout la direction politique et économique de la société. Comment des membres d'un parlement républicain, monarchique même, pourraient-ils annihiler la valeur de billets dont ils seraient les principaux détenteurs? Une telle supposition est inadmissible.

2° Le papier-monnaie aurait pour seconde garantie tout ce que l'État possède en diamants de la couronne, forêts, terrains d'alluvion, rentes rachetées, etc., propriétés qu'on peut évaluer, en temps ordinaire, à plus de huit cents millions, somme égale, sinon supérieure, à la valeur nominale de tous les billets qui seraient émis.

On ne saurait, dit-on, exproprier l'État. Pourquoi non? Il arrive à l'État comme aux particuliers d'avoir des procès et quelquefois de les perdre. Sous Frédéric II, il y avait des juges à Berlin; comment sous un régime républicain n'y aurait-il pas des juges à Paris? Dans le cas où il deviendrait nécessaire d'exproprier l'État, ce qui est contre toute probabilité, ce qui est, pour ainsi dire, moralement impossible, la commission de circulation qui aurait surtout pour rôle de sauvegarder, de défendre les intérêts des détenteurs de billets, serait chargée de faire gratuitement l'expropriation des valeurs servant d'hypothèque au papier, et d'en distribuer le prix aux ayants droit. Si ceux-ci, formés en sociétés anonymes, trouvaient bon d'adjoindre à la commission un certain nombre de membres choisis par eux, ils en auraient le droit. C'est sur la confiance qu'inspireraient les premiers billets répandus que repose à nos yeux le salut financier de la France. On ne saurait donc, suivant nous, entourer cette émission de trop de garanties. Peut-être conviendrait-il de stipuler que les porteurs de ces premiers billets, dans le cas où une seconde émission deviendrait nécessaire, seraient, relativement aux domaines de l'État, placés en première hypothèque?

3° Enfin, le papier-monnaie aurait pour troisième garantie toutes les valeurs en échange desquelles il aurait été émis. Ces valeurs, remarquons-le bien, auraient été achetées fort bas. A mesure que la crise diminuerait, leur prix s'élèverait sans cesse, ainsi que l'importance de la sûreté qu'elles représenteraient. Mais il y a plus : ces valeurs donneraient toutes un intérêt, certaines un fort élevé. Ainsi, les rentes rachetées à 70 fr. rapporteraient au-delà de 8 pour cent. Ces intérêts perçus et accumulés par la commission de circulation, viendraient encore s'ajouter aux garanties que nous avons ci-dessus énumérées.

Ce papier-monnaie reposerait donc sur un gage parfaitement certain et plus que deux fois suffisant. Comment n'inspirerait-il pas pleine confiance, même aux plus timides?

Admettons pour un moment qu'il n'eût pas précisément la valeur du numéraire, du lingot. Y aurait-il là un bien grave inconvénient? Évidemment non. Pendant la guerre continentale, le papier de la Banque d'Angleterre, qui avait été émis au-delà des besoins, a perdu constamment et jusqu'à 25 pour cent. Et cependant il n'en remplissait pas moins bien ses fonctions; il n'en était pas moins l'instrument presque exclusif des transactions, qui étaient alors, on le sait, d'une étendue et d'une activité merveilleuses. Tant il est vrai qu'un fonds monétaire suffisant, mais un peu déprécié, est préférable à un fonds monétaire non déprécié, mais insuffisant; tant il est vrai que l'insuffisance du capital circulant est un des plus grands maux qui puisse affliger une société.

Le papier est en tout temps une monnaie commode, facile à transporter; mais, dans les circonstances présentes, il aurait des avantages spéciaux, il ne pourrait être exporté par la peur. On serait aussi moins disposé à l'accaparer et à l'accumuler.

Pour retirer successivement les billets de la circulation, il suffirait à la commission de faire vendre peu à peu à la Bourse les valeurs qu'elle aurait en portefeuille ; elle recevrait alors soit du papier, soit du numéraire qu'elle échangerait contre du papier. Elle vendrait nécessairement ces valeurs avec facilité et à bon prix. Car pourquoi retirerait-elle le papier? Parce que le numéraire, qui est aujourd'hui caché, aurait reparu, parce que le capital circulant serait surabondant ; mais alors toutes les bonnes valeurs seraient recherchées et par conséquent chères.

Il ne faut pas l'oublier, quand un pays se trouve, comme aujourd'hui la France, dans la nécessité d'émettre du papier-monnaie pour remédier à une crise, il doit s'imposer l'économie la plus sévère, ne faire que des dépenses qui soient rigoureusement nécessaires ou éminemment productives. C'est surtout pour n'avoir pas connu ou n'avoir pas voulu suivre ce sage principe, que tous les gouvernements qui, jusqu'ici, ont eu recours à cette mesure, se sont perdus. Ils ne cherchaient pas à améliorer l'état de la circulation, ils ne craignaient pas même de le détériorer ; ils n'avaient qu'une seule vue : battre monnaie à leur profit. La facilité merveilleuse, féerique, qu'ils trouvaient ainsi à se créer des ressources, les entraînait à de gigantesques entreprises, à de folles prodigalités. Plus ils dépensaient, plus leur crédit diminuait, et, par conséquent, la valeur de leur papier; plus la valeur de leur papier baissait, plus ils se voyaient obligés d'en élargir l'émission. C'est ainsi qu'ils ont été fatalement entraînés sur une pente rapide, au bas de laquelle était la banqueroute.

Comme on le voit, nous laissons la Banque de France tout à fait en dehors de cette grande opération financière. C'est avec raison, ce nous semble. Et d'abord, comment pourrait-elle mettre ces billets en circulation ? Par l'escompte ? Mais il faudrait que ses opérations vinssent à s'étendre dans une proportion considérable, ce qui, dans l'état actuel de la France et de l'Europe, est impossible. D'ailleurs, pourrait-elle donner aux billets une garantie supérieure à celle qui, par notre système, leur serait assurée? Des rentes, des actions de chemins de fer et de canaux ne valent-elles pas des lettres de change? Et puis la Banque est une grande institution dont la destination spéciale ne doit pas être changée. La loi l'a sagement circonscrite dans de certaines limites, dont il est important qu'elle ne sorte pas. L'engager dans des opérations qui lui sont étrangères, ce serait l'exposer. Elle est la base du crédit industriel et commercial; tout ce qui pourrait l'ébranler doit être soigneusement évité à toute époque, et particulièrement à celle-ci. Il faut bien se réserver, en cas de tempête, une ancre de salut. Remarquons-le en passant : dans le cas même où la Banque émettrait le papier-monnaie, ce n'est pas à elle que devrait revenir le bénéfice résultant de cette émission, mais à la communauté tout entière.

Voyez quels avantages l'État retirerait du plan que nous venons de proposer. D'abord, il gagnerait tout l'intérêt qu'auraient donné les valeurs acquises par la Commission de circulation, et toute la différence entre leur prix de vente et le prix d'achat. L'émission de papier-monnaie serait donc directement, par elle-même, une excellente opération. Ensuite, à mesure que l'industrie renaîtrait, l'État serait déchargé d'une foule de dépenses, dont le grève nécessairement une suspension prolongée de travail. A mesure que la consommation reprendrait son activité, il verrait s'accroître dans une proportion considérable les principales branches de ses revenus. Enfin, il pourrait emprunter avec facilité et à bas intérêt. L'État, en effet, emprunte d'autant plus avantageusement que les rentes sont plus élevées; et les rentes sont d'autant plus élevées qu'elles sont plus demandées et moins offertes. Or, d'après notre système, elles seraient de plus en plus demandées, puisque le capital circulant serait beaucoup augmenté; et elles seraient de moins en moins offertes, puisqu'une partie des rentes existant aujourd'hui serait retirée. D'ailleurs, à supposer que l'État ne pût emprunter qu'à 6 p. 0[0, et même à 8 p. 0[0, ce ne serait là qu'un bien petit malheur. L'essentiel pour lui aujourd'hui n'est pas de pouvoir emprunter à bas prix, mais de pouvoir emprunter.

Nous ne terminerons pas cette partie de notre travail sans apprécier rapidement, à grands traits, divers plans d'émission de papier-monnaie, qui ont été exposés récemment dans des placards, des brochures, ou présentés à l'Assemblée nationale sous forme de pétitions ou de renseignements. A quelques variétés près, ils rentrent tous dans le système suivant : l'État, moyennant 4 p. 0[0, prêterait du papier-monnaie à tous les propriétaires fonciers pour une partie de la valeur de leurs immeubles.

Trois grands intérêts sont ici engagés : celui de la circulation, et, par conséquent, du pays tout entier; celui de l'État qui prête; celui des propriétaires qui empruntent.

Occupons-nous d'abord de l'intérêt le plus important, celui de la circulation. Le papier-monnaie, dans ce système, remplirait-il les conditions que nous avons indiquées? Serait-il émis proportionnellement aux besoins? Serait-il convenablement gagé? Évidemment non.

L'État ne pourrait pas accorder seulement à quelques propriétaires le droit de lui emprunter, car il établirait en leur faveur un privilége; il devrait donc l'accorder à tous. Mais alors la quantité de papier-monnaie ne saurait plus être réglée; elle varierait prodigieusement, au contraire, suivant le nombre de propriétaires qui useraient de leur droit, et la mesure dans laquelle ils en useraient. Comme la plupart d'entre eux ont beaucoup emprunté sur leurs immeubles, et bien au-dessus de 4 p. 0[0, ils profiteraient sans doute, dans toute son étendue, de la liberté qui leur serait accordée. L'État prêterait-il pour la moitié de la valeur des immeubles, comme on l'a proposé? Il y aurait alors en circulation vingt milliards de papier-monnaie, c'est-à-dire dix-neuf fois plus qu'il n'en faudrait. L'Etat prêterait-il seulement pour la quarantième partie de la valeur des immeubles, par exemple? On courrait le risque de ne pas avoir assez de papier-monnaie. Et puis, dans un pays comme le nôtre, où la propriété est si divisée, beaucoup de particuliers n'auraient à retirer que des sommes modiques, de trente francs, de dix francs peut-être. Il faudrait donc créer des coupures pour ces modiques sommes. N'y aurait-il pas ainsi beaucoup plus d'embarras pour le prêteur que de profit réel pour les emprunteurs? D'ailleurs, si la quantité de papier-monnaie venait à dépasser les besoins, on n'aurait aucun moyen de retirer la portion de billets exubérants.

Ce papier-monnaie présenterait un autre défaut. Il n'aurait pas derrière lui un gage certain. Il serait garanti par l'Etat, c'est vrai. Mais par quoi serait garanti l'État? Par l'immeuble? Et si le propriétaire apparent, nominal, de l'immeuble, n'en était pas le propriétaire réel, ce qui arrive souvent avec un système hypothécaire aussi vicieux que le nôtre, où serait pour le prêteur la sûreté?

Dans ce projet, l'État, considéré comme bailleur de fonds, serait évidemment lésé. En prêtant à 4 pour cent, il prêterait à trop bas intérêt. Sans doute, il retirerait le loyer de l'argent avancé par lui, mais il ne serait pas indemnisé, comme il serait juste qu'il le fût, pour les risques que les vices de notre système hypothécaire lui feraient courir. A ce taux, il gagnerait encore, puisque la monnaie qu'il fournirait ne lui aurait rien coûté; mais il ne gagnerait pas tout ce qu'il devrait gagner. Le bénéfice résultant de l'émission du papier-monnaie appartient tout entier à la communauté. Pourquoi en abandonnerait-on exclusivement une partie aux propriétaires fonciers?

Figurez-vous d'ailleurs l'État, que la direction des grands intérêts généraux doit exclusivement occuper, et qui n'est déjà que trop détourné de cette tâche par les innombrables détails administratifs dont notre centralisation actuelle le surcharge, figurez-vous l'État obligé encore de se soumettre à toutes les formalités qu'entraînerait l'émission de ce papier-monnaie, obligé de le fournir à quelques millions de propriétaires quand il leur plairait de le lui demander, de le reprendre quand il leur plairaît de le lui restituer, de percevoir l'intérêt de toutes les sommes prêtées par lui, et ce qui serait bien plus grave encore, exposé à avoir bientôt peut-être un procès pour expropriation dans chacune des trente-neuf mille communes de France!

Quant aux propriétaires fonciers, comme emprunteurs, ils bénéficieraient en plus tout ce que l'État bénéficierait en moins;

mais, comme membres de la communauté, ils souffriraient de tous les désastres qu'entraînerait le mauvais état de la circulation.

Ainsi, gain pour personne, perte pour tous, et complications sans fin; voilà ce projet. Dans le cas où toutes les réformes nécessaires pour l'établissement, chez nous, d'un bon système de crédit foncier pourraient être immédiatement opérées, dans le cas où notre législation hypothécaire, notre Code de procédure civile, notre impôt du timbre, le tarif des honoraires des officiers publics, pourraient être tout à coup et comme par enchantement remaniés, ce qui est impossible, alors même le plan, que nous examinons, devrait encore être rejeté; car, nous le répétons, il ne donnerait aucun moyen de proportionner d'une manière certaine et rigoureuse l'émission du papier-monnaie aux besoins; il en assurerait la qualité, sans en régler la quantité; il observerait bien une des règles que nous avons posées; mais il violerait complétement l'autre.

II.

L'État, en remédiant par les moyens que nous venons d'indiquer à l'insuffisance de la circulation, aurait déjà beaucoup fait pour le pays; mais il devrait plus faire encore; il devrait s'occuper de ranimer partout le travail aujourd'hui presque éteint.

L'économie politique est certainement une des sciences les plus importantes, une de celles qui contribuent le plus à la prospérité des États; mais elle est beaucoup plus simple que généralement on ne l'imagine. Chacun connaît les principes de l'économie domestique; ceux de l'économie politique sont précisément les mêmes. Comment les individus s'enrichissent-ils?

En produisant plus qu'ils ne consomment. Comment se ruinent-ils? En consommant plus qu'ils ne produisent. Il en est exactement ainsi des nations, qui ne sont en effet que de grands ménages.

Le revenu général d'un peuple, comme d'ailleurs celui d'un individu, se compose de deux éléments : le revenu de son travail, le revenu de ses capitaux. Mais les capitaux ne sont que des instruments, et ils ne rapportent qu'autant qu'ils sont mis en action : le travail est donc, pour ainsi dire, soit directement, soit indirectement, l'unique source de nos revenus.

La plupart des nations, et en particulier celles de l'Europe, sont malheureusement placées dans des conditions de production très défavorables; et, quoiqu'elles ne consomment pas à beaucoup près autant qu'elles devraient le faire, elles dépensent presque tout ce qu'elles gagnent. Aussi les progrès de leur richesse sont-ils très lents. La France, par exemple, autant qu'on en peut juger par les données un peu incertaines de la statistique, aurait un capital de quatre-vingts milliards, se créerait, tant par ce capital que par son travail, un revenu de dix milliards, sur lesquels elle en dépenserait neuf.

Aussi, quand le travail d'une nation vient à être suspendu dans une mesure considérable, en résulte-t-il pour elle des maux infinis! D'abord elle doit diminuer de beaucoup sa consommation. Il faut que la classe riche retranche notablement de son luxe, la classe moyenne de son aisance, la classe laborieuse, qui est de toutes la plus nombreuse, de son nécessaire. La première souffre un peu, la seconde davantage; mais que ne souffre pas la troisième? Ses souffrances se traduisent en maladies, en mortalité, en délits, en crimes, quelquefois même, comme nous avons eu la douleur de le voir, en sanglantes insurrections. L'État qui, pour parer à tant de maux, est obligé d'augmenter ses dépenses, et qui, par la diminution des consommations, voit s'abaisser ses recettes, doit recourir, et il ne le peut pas toujours, à des impôts extraordinaires et à d'onéreux emprunts, chargeant ainsi le présent et l'avenir. La nation, considérée dans son ensemble, par l'annulation de presque tous ses revenus, par l'augmentation de quelques-uns de ses frais, attaque largement son capital, dévore quelquefois en une seule année les économies de plusieurs lustres, rétrograde avec rapidité dans la route de la prospérité et de la puissance. Quelle profonde atteinte une suspension prolongée de travail ne porte-t-elle pas ainsi à tous les intérêts politiques, matériels, intellectuels et moraux d'un peuple! C'est pour lui une blessure qui, le plus souvent, saigne longtemps.

La triste situation que nous venons de peindre est malheureusement aujourd'hui la nôtre. L'État succombe sous les charges qui pèsent sur lui ; nous souffrons tous et nous nous ruinons. Mais le gouvernement, une fois armé des ressources que la multiplication du capital circulant lui permettrait de se procurer par l'emprunt, aurait bientôt, avec un peu d'habileté et d'activité, apporté un terme à tant de maux.

Il y a dans un pays deux grandes classes de travail : le travail privé, celui qu'ouvrent les particuliers ; le travail public, celui qu'ouvre l'État. Le premier est de beaucoup le plus étendu, le plus varié, le plus important; mais il a aussi ce caractère, de créer des produits qui doivent être plus ou moins promptement consommés ; il n'en est pas de même du second. Le sol d'un pays, avec tous les changements que la culture lui a fait subir, avec les conduits souterrains qui le creusent et permettent d'en retirer la pierre, le minerai et le combustible, avec les voies de communication qui en sillonnent la surface, avec les constructions de tout genre dont il est couvert, peut être considéré comme une vaste machine à l'aide de laquelle un peuple forme tous les objets nécessaires à ses besoins ; et plus elle est perfectionnée, plus il en retire de valeurs diverses, de richesses, plus il est prospère et puissant. C'est l'amélioration de cette machine que le travail public a surtout pour objet.

Le travail privé, dont les produits ne rapportent qu'autant qu'ils trouvent des acheteurs, est par cela même tout à fait dépendant de la consommation ; le travail public en est indépendant au contraire. Aussi lorsque le premier, par l'arrêt de la consommation, s'arrête, il faut que le second vienne immédiatement le remplacer, afin qu'il n'y ait aucune interruption dans le développement de la richesse nationale. Non seulement il le remplace, mais il le fait renaître et en peu de temps. Quelle est la classe qui consomme le plus ? Ce n'est pas la classe riche ; ce n'est pas même la classe aisée ; c'est la classe laborieuse ; parce que chez elle la multitude des individus fait plus que balancer la modicité de leurs consommations. Supposez maintenant de vastes travaux publics ouverts sur tous les points du territoire et tous les bras activement occupés, la classe laborieuse achèterait en abondance les objets de première nécessité ; les membres de la classe moyenne qui, comme propriétaires, fermiers, industriels, marchands, lui vendent ces objets, pourraient acheter à leur tour les produits qui donnent l'aisance, le comfortable ; et la classe riche, encouragée par le retour de la confiance et l'exemple, reprendrait ses dépenses de luxe. Tous les genres de consommation et de production se réveilleraient et se développeraient les uns les autres. Et comme le travail privé rétribue mieux la main-d'œuvre que ne le fait en général le travail public, il enlèverait bientôt à celui-ci presque tous les bras qu'il occuperait. Ainsi, non seulement l'État ne serait pas obligé de continuer longtemps dans la même mesure les entreprises qu'il aurait commencées ; mais le voulût-il, il ne le pourrait que difficilement et avec de grands sacrifices.

Ouvrir sur une vaste échelle du travail public, en attendant que le travail privé se ranime et pour le ranimer, tel doit être aujourd'hui le premier soin de nos gouvernants. Sans doute, ce sont des défiances politiques qui primitivement ont amené la crise ; mais ce ne sont pas elles qui maintenant l'entretiennent. La production et la consommation, qu'une révolution inattendue a tout à coup arrêtées, n'attendent aujourd'hui, pour reprendre leur marche, qu'une vigoureuse impulsion ; c'est à l'État à la leur donner : qu'il la leur donne.

La machine économique d'une nation peut presque toujours

être perfectionnée, mais d'autant plus pourtant qu'elle l'a moins été. L'Angleterre a fait subir à la sienne les plus nombreuses et les plus importantes améliorations. Que nous nous sommes peu occupés d'améliorer la nôtre! Au lieu de concentrer notre activité et nos capitaux sur notre sol, nous les avons sans cesse portés hors de nos limites. Entraînés par de fausses idées d'honneur, par des sentiments chevaleresques mal entendus, nous avons sans cesse guerroyé, sans cesse livré des combats qui ne nous ont valu que de stériles victoires et de ruineuses défaites.

La France est, dit-on, une nation essentiellement agricole. Et cependant notre agriculture, sur bien des points de notre territoire, se trouve dans un état misérable, en est encore aux pratiques du moyen âge; elle ne saurait lutter avec celle de presque toutes les nations qui nous environnent, avec celle de l'Angleterre, de la Hollande, de la Belgique, de l'Allemagne, du Danemarck, du nord de l'Italie. Elle pourrait, dit Mathieu de Dombasle, nourrir une population deux fois plus nombreuse, la nourrir deux fois mieux, payer deux fois plus d'impôt et être deux fois plus riche. Quelle ne serait pas notre puissance, si nous parvenions à porter notre agriculture au degré de perfection qu'elle peut atteindre! C'est surtout en améliorant par de larges mesures le régime de nos bois et de nos eaux que nous y parviendrons. Que n'avons-nous pas à faire sous ce rapport!

Il y a deux ans, l'inondation a désolé une de nos plus fertiles vallées, celle de la Loire; quelques années auparavant elle avait désolé celles du Rhône et de la Saône. De pareils désastres ne sont pas seulement pour nous un malheur, ils sont aussi presque une honte. N'est-ce pas au déboisement de quelques-unes de nos montagnes, n'est-ce pas à notre incurie, à notre inactivité qu'ils doivent être attribués? Hâtons-nous donc de reboiser nos pentes, et de replanter en même temps nos grandes routes. Toutes ces plantations propres à attirer et à retenir l'humidité, à activer la formation de sources fécondantes, à prévenir les éboulements de terrain, à arrêter et à briser l'impétuosité des vents, à épurer l'atmosphère, seraient, dans un cercle étendu, un immense bienfait. Quels vastes terrains sur notre sol sont habituellement à demi-submergés par l'eau de nos rivières et celle de la mer, et qui, à l'aide de quelques travaux de dessèchement, se convertiraient bientôt en riches prairies! Par suite de ces desséchements et surtout de ces reboisements, nos cours d'eau, dont le niveau serait plus élevé et plus régulier, fourniraient le liquide nécessaire pour irriguer largement notre sol, dont les deux tiers, dans un état d'aridité habituel, sont condamnés ainsi à l'infécondité.

Alors la France pourrait entretenir de nombreux troupeaux, et ne serait plus sous la dépendance de l'étranger pour la remonte de sa cavalerie; elle aurait de l'engrais en suffisance pour élever les bonnes terres à leur plus haut degré de fertilité, et pour mettre en valeur les terres incultes, dont le défrichement serait aujourd'hui prématuré; elle consommerait largement celui de tous les aliments qui donne à l'homme le plus d'activité et d'énergie, la viande; elle aurait à bas prix les matières premières de quelques-unes de ses principales industries, la laine, le cuir, le lin, le chanvre, l'huile, la soie, et pourrait rivaliser sur tous les marchés du monde avec les Anglais, aujourd'hui ses maîtres. Alors le développement de notre agriculture ouvrirait une telle masse de travail que jamais l'ouvrage ne manquerait à l'ouvrier, et cette foule de familles, qui vont s'entasser dans les grandes villes, pour s'y livrer, à leur préjudice et au préjudice de la communauté tout entière, à des industries parasites, trouveraient dans les campagnes pour leur intelligence et leur capital un fructueux emploi. Alors la France acquerrait dix fois plus de richesse et de puissance qu'elle ne pourrait le faire par la conquête des provinces rhénanes et de la Belgique. Ce serait presque une révolution dans notre état économique, politique et social.

Pour aménager d'une manière vraiment efficace, vraiment féconde, le régime de nos bois et celui de nos eaux, il ne faudrait pas faire une foule de petits plans pour une foule de petites localités, mais un pour chacun de nos grands bassins, ou même un seul pour la France entière. Ce plan, que l'État arrêterait lui-même, et dont il devrait diriger, sinon effectuer l'exécution, pendant combien d'années et pour combien de cent mille bras, n'ouvrirait-il pas de l'occupation !

Notre système de canaux et de chemins de fer est à peine commencé ; il reste encore à faire, pour l'achever, d'immenses travaux. Les ports jouent, dans l'état économique et militaire d'une nation, un rôle important. C'est par leur intermédiaire que se font presque toutes les importations et les exportations, ainsi que le commerce de transit ; ils fournissent pour la guerre une force spéciale. Pourquoi ne réaliserions-nous pas aujourd'hui toutes les améliorations qu'ils réclament ? Pourquoi ne terminerions-nous pas aussi toutes nos fortifications de terre et de mer ?

Beaucoup de nos départements ont sans doute à construire ou à réparer plusieurs de leurs édifices ; qu'ils soient tenus de le faire immédiatement ; que chacun d'eux établisse une ferme-modèle. Que les communes qui n'ont pas d'école en bâtissent ; que celles qui n'ont pas achevé leurs chemins vicinaux les achèvent.

Et il faut bien le remarquer, de toutes les entreprises que nous venons d'énumérer, il n'en est pas une seule qui ne fût éminemment productive, qui ne fût capable d'indemniser largement le pays des dépenses qu'elle entraînerait, et de contribuer beaucoup, dans un avenir prochain, à notre bien-être et à notre puissance. Aussi, comme on le voit, l'ouvrage ne devrait pas, aujourd'hui chez nous, manquer aux ouvriers, mais les ouvriers à l'ouvrage. Un Colbert ne serait point embarrassé de trouver de bons travaux à exécuter, mais seulement de déterminer parmi les bons les meilleurs. Voici quelques-unes des règles qui pourraient, suivant nous, présider à l'exécution du plan que nous venons d'esquisser.

1° Ouvrir des travaux assez variés pour que tout travailleur pût avoir autant que possible des occupations en harmonie avec ses habitudes et son talent. On multiplierait donc suivant les besoins soit les travaux de construction, soit ceux de terrassement, ou bien ceux d'agriculture, comme les reboisements, desséchements, défrichements, ou ceux de luxe, la restauration d'objets d'arts par exemple, la restauration intérieure ou extérieure des monuments publics.

2° Choisir les travaux les plus productifs et les plus promptement productifs.

3° Finir les entreprises déjà commencées ou ne commencer que des entreprises qui pourraient être en peu de temps finies ; attacher en conséquence à chacune d'elles un nombre d'ouvriers suffisant.

4° Distribuer les travaux de telle sorte que tous les départements, autant que possible, en eussent leur part, et surtout les moins avancés en civilisation. Jusqu'ici, sous le prétexte que les travaux publics rapportent beaucoup dans les localités riches et fort peu dans les pauvres, on n'en exécutait, pour ainsi dire, que dans les premières, presque point dans les secondes. Celles-là devenaient ainsi toujours plus riches sans que celles-ci restassent moins pauvres ; l'inégalité qui existait entre elles augmentait sans cesse. Les contrées placées dans des conditions défavorables étaient sacrifiées aux contrées situées dans des conditions avantageuses ; le centre était sacrifié aux frontières. C'est une injustice grave que la République doit s'empresser de réparer. D'ailleurs, en suivant cette règle, on obtiendrait un résultat politique important, puisqu'on disséminerait les ouvriers.

5° Faire exécuter par les départements, les communes, les compagnies le plus de travaux possible, afin que l'État ne fût pas trop surchargé.

Les ouvriers seraient organisés en compagnies, soumis à une discipline douce, qui leur laisserait toute la liberté nécessaire à leur bien-être. Dans certaines compagnies, chacun d'eux travaillerait à son compte ; dans les autres, ils seraient associés, soit pour le travail seulement, soit aussi pour la consommation, et d'après les règles qu'il leur plairait d'adopter. Les ouvriers auraient le droit de choisir la compagnie dans laquelle il leur conviendrait d'entrer. Ils seraient tous rétribués à la tâche ; dans un cas, l'État traiterait avec les individus, dans l'autre avec les associations.

Dans quelles circonstances l'association entre les travailleurs est-elle possible? Dans quelle mesure l'est-elle? Quelles sont les conditions que doivent présenter ses membres? Quels en sont les avantages et les inconvénients? Comment développer les premiers, neutraliser les seconds? Voilà autant de questions qu'il ne faut négliger aucune occasion de bien éclaircir. Le système du travail individuel et celui du travail associé seraient ainsi concurremment employés et étudiés, et sur une grande échelle. L'expérience de l'association entre les ouvriers serait tentée dans les circonstances les plus simples et aussi les plus favorables. En effet, il ne pourrait pas y avoir de contestations sur le partage des fonctions, puisqu'elles seraient toutes à peu près les mêmes; il n'y en aurait pas non plus sur le partage des produits, car il n'y aurait pas à apprécier des qualités diverses de travail, mais seulement des quantités. L'expérience se ferait d'ailleurs comme les expériences de ce genre doivent se faire, non aux frais de l'État, mais aux frais des travailleurs; car du moment où ceux-ci pourraient compter que toutes leurs pertes seraient couvertes par le trésor public, ils ne s'étudieraient pas sans doute à les prévenir, et l'essai entrepris par eux n'aurait rien de probant.

Il serait bon peut-être que les compagnies consacrassent une heure chaque jour à des exercices militaires. Celui qui ne sait pas manier un fusil, qui serait incapable de défendre au besoin sa patrie, n'est pas digne du nom de citoyen. Il serait bon aussi que les ouvriers enrégimentés eussent à leur disposition quelques moyens d'instruction, de développement intellectuel: il ne faut jamais négliger l'occasion de perfectionner les hommes, dans quelque situation qu'ils se trouvent. Enfin, à chaque grande agglomération d'ouvriers serait attachée une caisse d'épargne.

Nous admettons *le droit au travail*, en ce sens que le premier soin des gouvernants de l'État est d'assurer, autant du moins qu'ils le peuvent, de l'ouvrage à tous les ouvriers, que le ralentissement de la production laisse sans emploi. Mais si nous admettons pour le peuple *le droit au travail*, nous admettons aussi pour lui *le devoir du travail*. Tout individu, qui ne possède rien et ne s'occupe pas, sera bientôt coupable, s'il ne l'est déjà : car il faut qu'il mendie, ce que la loi défend, ou qu'il vole, ce qu'elle défend encore davantage, ou que, dans des temps comme le nôtre, il agite de ses séditions la place publique, ce qui est peut-être plus fâcheux encore pour la société. Nous voudrions qu'on fît entrer, même de force s'il le fallait, dans les compagnies dont nous venons de parler, tous les individus de Paris et autres grandes villes qui ne seraient pas mariés et ne pourraient justifier d'occupations à peu près régulières. C'est ainsi que les cités les plus populeuses seraient débarrassées des repris de justice, des vagabonds, des chevaliers d'industrie qui y affluent de toutes parts, et qui ne menacent pas moins l'ordre que les mœurs ; c'est ainsi qu'elles seraient désencombrées et purifiées.

Pour réparer le plus promptement possible toutes nos pertes, nous ne devons pas seulement augmenter nos recettes, et, par conséquent notre travail, mais diminuer aussi nos dépenses, et, par conséquent nos consommations. Il faut qu'après une crise une nation restreigne ses frais : le bon sens, l'instinct la portent d'ailleurs constamment à le faire.

Et cependant les docteurs du jour, tout en encourageant l'Etat à l'épargne, encouragent les particuliers à la dépense, comme si les économies faites par les particuliers n'étaient pas plus considérables, n'avaient pas plus d'influence sur le maintien et le développement de la richesse nationale que toutes celles que peut faire l'État. C'est toujours cette même opinion, autrefois si répandue, que le luxe enrichit les nations, tandis qu'il est clairement démontré par la science qu'il les ruine. Que de motifs puissants doivent nous porter à l'épargne ! Nous avons à donner à notre sol toute la valeur qu'il peut comporter ; travail immense, comme il a été montré plus haut. Nous avons à relever la classe laborieuse de l'abaissement matériel, intellectuel et moral dans lequel elle gémit. Nous aurons peut-être à intervenir à une époque prochaine dans le remaniement général de l'Europe. Chacune de ces grandes entreprises, pour être menée à bien, exigera de nombreux capitaux. Multiplions donc ceux que nous possédons par tous les moyens possibles. C'est aux riches à donner l'exemple, en renonçant, dans une sage mesure pourtant, au luxe d'ostentation. Au lieu de dissiper futilement leurs capitaux, qu'ils les engagent dans des opérations fructueuses, fécondes, ou qu'ils les prêtent aux hommes industrieux. C'est ainsi qu'ils serviront vraiment la cause populaire. Par des dépenses improductives, ils multiplient pour le moment le travail, mais ils le détruisent pour l'avenir ; par des dépenses productives, ils le multiplient dans le présent et dans l'avenir bien davantage encore. La classe laborieuse a mis quatre mois de misère au service de la République. Ne pourraient-ils pas mettre au service de leur pays, nous dirons plus, de l'humanité, quelques années d'économie ?

Ainsi, suivant nous, pour ranimer promptement la production et la consommation, pour ne laisser sur notre sol aucun bras inoccupé, pour faire succéder partout à la misère le bien-être, aux collisions sanglantes l'ordre et l'union, à la diminution chaque jour croissante de notre capital un développement rapide de nos richesses, il ne faut, chez nos gouvernants, que deux choses : un peu savoir, mais surtout beaucoup vouloir, vouloir avec cette activité, cette énergie, cette persévérance, sans lesquelles il n'y a pas dans ce monde de grands succès.

Imprimerie de Gustave GRATIOT, 11, rue de la Monnaie.

www.ingramcontent.com/pod-product-compliance
Ingram Content Group UK Ltd.
Pitfield, Milton Keynes, MK11 3LW, UK
UKHW021207230726
13926UKWH00001B/370